FOREWORD

The collection of "Everything Will Be Okay" travel phrasebooks published by T&P Books is designed for people traveling abroad for tourism and business. The phrasebooks contain what matters most - the essentials for basic communication. This is an indispensable set of phrases to "survive" while abroad.

This phrasebook will help you in most cases where you need to ask something, get directions, find out how much something costs, etc. It can also resolve difficult communication situations where gestures just won't help.

This book contains a lot of phrases that have been grouped according to the most relevant topics. You'll also find a mini dictionary with useful words - numbers, time, calendar, colors…

Take "Everything Will Be Okay" phrasebook with you on the road and you'll have an irreplaceable traveling companion who will help you find your way out of any situation and teach you to not fear speaking with foreigners.

TABLE OF CONTENTS

Pronunciation	5
List of abbreviations	7
English-Swedish	9
Mini Dictionary	73

T&P Books Publishing

PRONUNCIATION

Letter	Swedish example	T&P phonetic alphabet	English example
Aa	bada	[ɑ], [ɑ:]	bath, to pass
Bb	tabell	[b]	baby, book
Cc [1]	licens	[s]	city, boss
Cc [2]	container	[k]	clock, kiss
Dd	andra	[d]	day, doctor
Ee	efter	[e]	elm, medal
Ff	flera	[f]	face, food
Gg [3]	gömma	[j]	yes, New York
Gg [4]	truga	[g]	game, gold
Hh	handla	[h]	home, have
Ii	tillhöra	[i:], [ɪ]	tree, big
Jj	jaga	[j]	yes, New York
Kk [5]	keramisk	[ɕ]	sheep, shop
Kk [6]	frisk	[k]	clock, kiss
Ll	tal	[l]	lace, people
Mm	medalj	[m]	magic, milk
Nn	panik	[n]	name, normal
Oo	tolv	[ɔ]	bottle, doctor
Pp	plommon	[p]	pencil, private
Qq	squash	[k]	clock, kiss
Rr	spelregler	[r]	rice, radio
Ss	spara	[s]	city, boss
Tt	tillhöra	[t]	tourist, trip
Uu	ungefär	[u], [ʉ:]	soup, menu
Vv	overall	[v]	very, river
Ww [7]	kiwi	[w]	vase, winter
Xx	sax	[ks]	box, taxi
Yy	manikyr	[y], [y:]	fuel, tuna
Zz	zoolog	[s]	city, boss
Åå	sångare	[ə]	driver, teacher
Ää	tandläkare	[æ]	chess, man
Öö	kompositör	[ø]	eternal, church

Letter	Swedish example	T&P phonetic alphabet	English example

Combinations of letters

Ss [8]	sjösjuka	[ʃ]	machine, shark
sk [9]	skicka	[ʃ]	machine, shark
s [10]	först	[ʃ]	machine, shark
J j [11]	djärv	[j]	yes, New York
Lj [12]	ljus	[j]	yes, New York
kj, tj	kjol	[ɕ]	sheep, shop
ng	omkring	[ŋ]	English, ring

Comments

* kj pronouns as
** combination **ng** transfers a nasal sound
[1] before **e, i, y**
[2] elsewhere
[3] before **e, i, ä, ö**
[4] elsewhere
[5] before **e, i, ä, ö**
[6] elsewhere
[7] in loanwords
[8] in **sj, skj, stj**
[9] before stressed **e, i, y, ä, ö**
[10] in the combination **rs**
[11] in **dj, hj, gj, kj**
[12] at the beginning of words

LIST OF ABBREVIATIONS

English abbreviations

ab.	-	about
adj	-	adjective
adv	-	adverb
anim.	-	animate
as adj	-	attributive noun used as adjective
e.g.	-	for example
etc.	-	et cetera
fam.	-	familiar
fem.	-	feminine
form.	-	formal
inanim.	-	inanimate
masc.	-	masculine
math	-	mathematics
mil.	-	military
n	-	noun
pl	-	plural
pron.	-	pronoun
sb	-	somebody
sing.	-	singular
sth	-	something
v aux	-	auxiliary verb
vi	-	intransitive verb
vi, vt	-	intransitive, transitive verb
vt	-	transitive verb

Swedish abbreviations

pl - plural

Swedish articles

den - common gender
det - neuter
en - common gender
ett - neuter

SWEDISH PHRASEBOOK

This section contains important phrases that may come in handy in various real-life situations.
The phrasebook will help you ask for directions, clarify a price, buy tickets, and order food at a restaurant

T&P Books Publishing

PHRASEBOOK CONTENTS

The bare minimum	12
Questions	15
Needs	16
Asking for directions	18
Signs	20
Transportation. General phrases	22
Buying tickets	24
Bus	26
Train	28
On the train. Dialogue (No ticket)	30
Taxi	31
Hotel	33
Restaurant	36
Shopping	38
In town	40
Money	42

Time	44
Greetings. Introductions	46
Farewells	48
Foreign language	50
Apologies	51
Agreement	52
Refusal. Expressing doubt	53
Expressing gratitude	55
Congratulations. Best wishes	56
Socializing	57
Sharing impressions. Emotions	60
Problems. Accidents	62
Health problems	65
At the pharmacy	68
The bare minimum	70

T&P Books Publishing

The bare minimum

Excuse me, ...	**Ursäkta mig, ...** [ɵːˈsɛkta mɛj, ...]
Hello.	**Hej** [hɛj]
Thank you.	**Tack** [tak]
Good bye.	**Hej då** [hɛj doː]
Yes.	**Ja** [ja]
No.	**Nej** [nɛj]
I don't know.	**Jag vet inte.** [ja vet ˈintə]
Where? | Where to? | When?	**Var? | Vart? | När?** [var? | vaːʈ? | nɛr?]

I need ...	**Jag behöver ...** [ja beˈhøvər ...]
I want ...	**Jag vill ...** [ja vilʲ ...]
Do you have ...?	**Har du ...?** [har dɵː ...?]
Is there a ... here?	**Finns det ... här?** [fins dɛ ... hæːr?]
May I ...?	**Får jag ... ?** [for jaː ...?]
..., please (polite request)	**..., tack** [..., tak]

I'm looking for ...	**Jag letar efter ...** [ja ˈlʲetar ˈɛftər ...]
restroom	**en toalett** [en tuaˈlʲet]
ATM	**en uttagsautomat** [en ɵːˈtaːgs autoˈmat]
pharmacy (drugstore)	**ett apotek** [et apʊˈtek]
hospital	**ett sjukhus** [et ˈɧɵːkhɵs]
police station	**en polisstation** [en poˈlis staˈɧuːn]
subway	**tunnelbanan** [ˈtɵnəlʲ ˈbaːnan]

taxi	**en taxi** [en 'taksi]
train station	**en tågstation** [en 'to:g sta'ŋu:n]

My name is ...	**Jag heter ...** [ja 'hetər ...]
What's your name?	**Vad heter du?** [vad 'hetər dʉ:?]
Could you please help me?	**Skulle du kunna hjälpa mig?** ['skʉlʲe dʉ: 'kuna 'jɛlʲpa mɛj?]
I've got a problem.	**Jag har ett problem.** [ja har et prɔ'blʲem]
I don't feel well.	**Jag mår inte bra.** [ja mor 'intə bra:]
Call an ambulance!	**Ring efter en ambulans!** ['riŋ 'ɛftər en ambʉ'lʲans!]
May I make a call?	**Får jag ringa ett samtal?** [for ja 'riŋa et 'sa:mtalʲ?]

I'm sorry.	**Jag är ledsen.** [ja ær 'lʲesən]
You're welcome.	**Ingen orsak.** ['iŋen 'u:ṣak]

I, me	**Jag, mig** [ja, mɛj]
you (inform.)	**du** [dʉ]
he	**han** [han]
she	**hon** [hon]
they (masc.)	**de:** [de:]
they (fem.)	**de:** [de:]
we	**vi** [vi:]
you (pl)	**ni** [ni]
you (sg, form.)	**du, Ni** [dʉ:, ni:]

ENTRANCE	**INGÅNG** ['iŋo:ŋ]
EXIT	**UTGÅNG** ['ʉtgo:ŋ]
OUT OF ORDER	**UR FUNKTION** [ʉ:r funk'ŋu:n]
CLOSED	**STÄNGT** ['stɛŋt]

OPEN	**ÖPPET**
	['øpet]
FOR WOMEN	**FÖR KVINNOR**
	[før 'kvinor]
FOR MEN	**FÖR MÄN**
	[før mɛn]

Questions

Where?	**Var?** [var?]
Where to?	**Vart?** [vaːt?]
Where from?	**Varifrån?** ['varifron?]
Why?	**Varför?** ['vaːføːr?]
For what reason?	**Av vilken anledning?** [aːv 'vilʲkən an'lʲedniŋ?]
When?	**När?** [nɛr?]

How long?	**Hur länge?** [hʉː 'lʲɛŋə?]
At what time?	**Vilken tid?** ['vilʲkən tid?]
How much?	**Hur länge?** [hʉː 'lʲɛŋə?]
Do you have ...?	**Har du ...?** [har dʉː ...?]
Where is ...?	**Var finns ...?** [var fins ...?]

What time is it?	**Vad är klockan?** [vad ær 'klʲokan?]
May I make a call?	**Får jag ringa ett samtal?** [for ja 'riŋa et 'saːmtalʲ?]
Who's there?	**Vem är det?** [vem ær dɛ?]
Can I smoke here?	**Får jag röka här?** [for ja 'røka hæːr?]
May I ...?	**Får jag ...?** [for jaː ...?]

Needs

I'd like ...	**Jag skulle vilja ...** [ja 'skulʲe 'vilja ...]
I don't want ...	**Jag vill inte ...** [ja vilʲ 'intə ...]
I'm thirsty.	**Jag är törstig.** [ja ær 'tøːʂtig]
I want to sleep.	**Jag vill sova.** [ja vilʲ 'soːva]
I want ...	**Jag vill ...** [ja vilʲ ...]
to wash up	**tvätta mig** ['tvɛta mɛj]
to brush my teeth	**borsta tänderna** ['boːʂta 'tɛndeɳa]
to rest a while	**vila en stund** ['vilʲa en stund]
to change my clothes	**att byta kläder** [at 'byta 'klʲɛːdər]
to go back to the hotel	**gå tillbaka till hotellet** ['go tilʲ'baka tilʲ ho'telʲet]
to buy ...	**köpa ...** ['çøpa ...]
to go to ...	**ta mig till ...** [ta mɛj tilʲ ...]
to visit ...	**besöka ...** [be'søka ...]
to meet with ...	**träffa ...** ['trɛfa ...]
to make a call	**ringa ett samtal** ['riŋa et 'samtalʲ]
I'm tired.	**Jag är trött.** [ja ær trøt]
We are tired.	**Vi är trötta.** [viː ær 'trøta]
I'm cold.	**Jag fryser.** [ja 'frysər]
I'm hot.	**Jag är varm.** [ja ær varm]
I'm OK.	**Jag är okej.** [ja ær ɔ'kej]

I need to make a call.	**Jag behöver ringa ett samtal.** [ja be'høvər 'riŋa et 'samtalʲ]
I need to go to the restroom.	**Jag behöver gå på toaletten.** [ja be'høvər go pɔ tua'lʲetən]
I have to go.	**Jag måste ge mig av.** [ja 'mostə je mɛj av]
I have to go now.	**Jag måste ge mig av nu.** [ja 'mostə je mɛj av nʉ:]

Asking for directions

Excuse me, ...	**Ursäkta mig, ...** [ʉːˈsɛkta mɛj, ...]
Where is ...?	**Var finns ...?** [var fins ...?]
Which way is ...?	**Åt vilket håll ligger ...?** [ot ˈvilʲket holʲ ˈligər ...?]
Could you help me, please?	**Skulle du kunna hjälpa mig?** [ˈskʉlʲe dʉː ˈkuna ˈjɛlʲpa mɛj?]
I'm looking for ...	**Jag letar efter ...** [ja ˈlʲetar ˈɛftər ...]
I'm looking for the exit.	**Jag letar efter utgången.** [ja ˈlʲetar ˈɛftər ˈʉtgoːŋən]
I'm going to ...	**Jag ska till ...** [ja ska tilʲ ...]
Am I going the right way to ...?	**Är jag på rätt väg till ...?** [ɛr ja pɔ rɛt vɛg tilʲ ...?]
Is it far?	**Är det långt?** [ɛr dɛ ˈlʲoːŋt?]
Can I get there on foot?	**Kan jag ta mig dit till fots?** [kan ja ta mɛj dit tilʲ ˈfots?]
Can you show me on the map?	**Kan du visa mig på kartan?** [kan dʉː ˈviːsa mɛj pɔ ˈkaːʈan?]
Show me where we are right now.	**Kan du visa mig var vi är nu.** [kan dʉː ˈviːsa mɛj var vi ær nʉː]
Here	**Här** [hæːr]
There	**Där** [dɛr]
This way	**Den här vägen** [den hæːr ˈvɛgən]
Turn right.	**Sväng höger.** [ˈsvɛŋ ˈhøgər]
Turn left.	**Sväng vänster.** [ˈsvɛŋ ˈvɛnstər]
first (second, third) turn	**första (andra, tredje) sväng** [ˈføːʂta (ˈandra, ˈtreːdje) svɛŋ]
to the right	**till höger** [tilʲ ˈhøgər]

to the left	**till vänster** [tilʲ 'vɛnstər]
Go straight ahead.	**Gå rakt fram.** ['go rakt fram]

Signs

WELCOME!	**VÄLKOMMEN!** ['vɛlʲkomən!]
ENTRANCE	**INGÅNG** ['iŋoːŋ]
EXIT	**UTGÅNG** ['ʉtgoːŋ]
PUSH	**TRYCK** [trʏk]
PULL	**DRA** [draː]
OPEN	**ÖPPET** ['øpet]
CLOSED	**STÄNGT** ['stɛŋt]
FOR WOMEN	**FÖR KVINNOR** [før 'kvinor]
FOR MEN	**FÖR MÄN** [før mɛn]
GENTLEMEN, GENTS (m)	**HERRAR** ['hɛrrar]
WOMEN (f)	**DAMER** ['damər]
DISCOUNTS	**RABATT** [ra'bat]
SALE	**REA** ['rea]
FREE	**GRATIS** ['gratis]
NEW!	**NYHET!** ['nyhet!]
ATTENTION!	**VARNING!** ['varniŋ!]
NO VACANCIES	**FULLBOKAT** [fʉlʲ'bokat]
RESERVED	**RESERVERAT** [resɛr'verat]
ADMINISTRATION	**DIREKTÖR** [direk'tør]
STAFF ONLY	**ENDAST PERSONAL** ['ɛndast pɛːʂo'nalʲ]

BEWARE OF THE DOG!	**VARNING FÖR HUNDEN!** ['varniŋ før 'hʉndən!]
NO SMOKING!	**RÖKNING FÖRBJUDET!** ['røkniŋ før'bjʉ:det!]
DO NOT TOUCH!	**RÖR EJ!** [rør ɛj!]
DANGEROUS	**FARLIGT** ['fɑ:ligt]
DANGER	**FARA** ['fɑ:ra]
HIGH VOLTAGE	**HÖGSPÄNNING** ['høgspɛniŋ]
NO SWIMMING!	**BAD FÖRBJUDET!** [bad før'bjʉ:det!]
OUT OF ORDER	**UR FUNKTION** [ʉ:r fʉnk'ʃu:n]
FLAMMABLE	**BRANDFARLIGT** ['brand 'fɑ:ligt]
FORBIDDEN	**FÖRBJUDET** [før'bjʉ:det]
NO TRESPASSING!	**TILLTRÄDE FÖRBJUDET!** [tilʲtrɛdə før'bjʉ:det!]
WET PAINT	**NYMÅLAT** ['nymolʲat]
CLOSED FOR RENOVATIONS	**STÄNGT FÖR RENOVERING** ['stɛŋt før reno'veriŋ]
WORKS AHEAD	**VÄGARBETE** ['vɛ:g ar'betə]
DETOUR	**OMLEDNINGSVÄG** [ɔ:m'lʲedniŋs vɛg]

Transportation. General phrases

plane	**plan** [plʲan]
train	**tåg** [toːg]
bus	**buss** [bus]
ferry	**färja** [ˈfæːrja]
taxi	**taxi** [ˈtaksi]
car	**bil** [bilʲ]
schedule	**tidtabell** [ˈtid taˈbɛlʲ]
Where can I see the schedule?	**Var kan jag se tidtabellen?** [var kan ja se tidːtaˈbɛlʲen?]
workdays (weekdays)	**vardagar** [vaːrˈdaːgar]
weekends	**helger** [ˈheljer]
holidays	**helgdagar** [ˈheljˈdaːgar]
DEPARTURE	**AVGÅNGAR** [ˈavgoːŋar]
ARRIVAL	**ANKOMSTER** [ˈankomstər]
DELAYED	**FÖRSENAD** [føːˈşenad]
CANCELLED	**INSTÄLLD** [ˈinstɛlʲd]
next (train, etc.)	**nästa** [ˈnɛsta]
first	**första** [ˈføːşta]
last	**sista** [ˈsista]
When is the next ...?	**När går nästa ...?** [nɛr goːr ˈnɛsta ...?]
When is the first ...?	**När går första ...?** [nɛr goːr ˈføːşta ...?]

When is the last ...?	**När går sista ...?** [nɛr goːr 'sista ...?]
transfer (change of trains, etc.)	**byte** ['byte]
to make a transfer	**att göra ett byte** [at 'jøra et 'byte]
Do I need to make a transfer?	**Behöver jag byta?** [be'høver ja 'byta?]

Buying tickets

Where can I buy tickets?	**Var kan jag köpa biljetter?** [var kan ja 'çøpa bi'lʲetər?]
ticket	**biljett** [bi'lʲet]
to buy a ticket	**att köpa en biljett** [at 'çøpa en bi'lʲet]
ticket price	**biljettpris** [bi'lʲet ˌpris]
Where to?	**Vart?** [vaːt?]
To what station?	**Till vilken station?** [tilʲ 'vilʲkən sta'ɧuːn?]
I need ...	**Jag behöver ...** [ja be'høvər ...]
one ticket	**en biljett** [en bi'lʲet]
two tickets	**två biljetter** [tvoː bi'lʲetər]
three tickets	**tre biljetter** [tre bi'lʲetər]
one-way	**enkel** ['ɛnkəlʲ]
round-trip	**tur och retur** ['tʉːr ɔ re'tʉːr]
first class	**första klass** ['føːʂta klʲas]
second class	**andra klass** ['andra klʲas]
today	**idag** [idaːg]
tomorrow	**imorgon** [i'mɔrgɔn]
the day after tomorrow	**i övermorgon** [i 'øːvəˌmɔrgɔn]
in the morning	**på morgonen** [pɔ 'mɔrgɔnən]
in the afternoon	**på eftermiddagen** [pɔ 'ɛftə mid'dagən]
in the evening	**på kvällen** [pɔ 'kvɛlʲen]

aisle seat	**gångplats** [goːŋ plʲats]
window seat	**fönsterplats** [ˈfønstə plʲats]
How much?	**Hur mycket?** [hʉː ˈmʏkeʔ]
Can I pay by credit card?	**Kan jag betala med kreditkort?** [kan ja beˈtalʲa me kreˈdit koːʈ]

Bus

bus	**buss** [bus]
intercity bus	**långfärdsbuss** [ˈlʲɔŋfɛrdsˌbus]
bus stop	**busshållplats** [ˈbus ˈholʲplʲats]
Where's the nearest bus stop?	**Var finns närmsta busshållplats?** [var fins ˈnɛrmsta ˈbus ˈholʲplʲats?]
number (bus ~, etc.)	**nummer** [ˈnumər]
Which bus do I take to get to ...?	**Vilken buss kan jag ta till ...?** [ˈvilʲkən bus kan ja ta tilʲ ...?]
Does this bus go to ...?	**Går den här bussen till ...?** [goːr den hæːr ˈbusən tilʲ ...?]
How frequent are the buses?	**Hur ofta går bussarna?** [hʉː ˈofta goːr ˈbusarna?]
every 15 minutes	**var femtonde minut** [var ˈfemtondə miˈnʉːt]
every half hour	**varje halvtimme** [ˈvarje ˈhalʲvˌtimə]
every hour	**en gång i timmen** [en goːŋ i ˈtimən]
several times a day	**flera gånger om dagen** [ˈflʲera ˈgoːŋər om ˈdagən]
... times a day	**... gånger om dagen** [... ˈgoːŋər om ˈdagən]
schedule	**tidtabell** [ˈtid taˈbɛlʲ]
Where can I see the schedule?	**Var kan jag se tidtabellen?** [var kan ja se tid taˈbɛlʲen?]
When is the next bus?	**När går nästa buss?** [nɛr goːr ˈnɛsta bus?]
When is the first bus?	**När går första bussen?** [nɛr goːr ˈføːʂta ˈbusən?]
When is the last bus?	**När går sista bussen?** [nɛr goːr ˈsista ˈbusən?]
stop	**hållplats** [ˈholʲˌplʲats]
next stop	**nästa hållplats** [ˈnɛsta ˈholʲplʲats]

last stop (terminus)	**sista hållplatsen** ['sista 'holʲplʲatsən]
Stop here, please.	**Vill du vara snäll och stanna här, tack.** [vilʲ dʉ: 'va:ra snɛlʲ o 'stana hæ:r, tak]
Excuse me, this is my stop.	**Ursäkta mig, detta är min hållplats.** [ʉ:'sɛkta mɛj, 'deta ær min 'holʲplʲats]

Train

train	**tåg** [toːg]
suburban train	**lokaltåg** [lʲoˈkalʲ toːg]
long-distance train	**fjärrtåg** [ˈfʲærˌtoːg]
train station	**tågstation** [ˈtoːg staˈɧuːn]
Excuse me, where is the exit to the platform?	**Ursäkta mig, var är utgången till perrongen?** [ʉːˈsɛkta mɛj, var ær ˈʉtgoːŋən tilʲ peˈroŋən?]
Does this train go to ...?	**Går det här tåget till ...?** [goːr dɛ hæːr ˈtoːget tilʲ ...?]
next train	**nästa tåg** [ˈnɛsta toːg]
When is the next train?	**När går nästa tåg?** [nɛr goːr ˈnɛsta toːg?]
Where can I see the schedule?	**Var kan jag se tidtabellen?** [var kan ja se tid tabɛlʲen?]
From which platform?	**Från vilken perrong?** [fron ˈvilʲkən peˈroŋ?]
When does the train arrive in ...?	**När ankommer tåget till ...?** [nɛr ˈankomer ˈtoːget tilʲ ...?]
Please help me.	**Snälla hjälp mig.** [ˈsnɛlʲa jɛlʲp mɛj]
I'm looking for my seat.	**Jag letar efter min plats.** [ja ˈlʲetar ˈɛfter min plʲats]
We're looking for our seats.	**Vi letar efter våra platser.** [vi ˈlʲetar ˈɛftə ˈvoːra ˈplʲatsər]
My seat is taken.	**Min plats är upptagen.** [min plʲats ær upˈtaːgen]
Our seats are taken.	**Våra platser är upptagna.** [ˈvoːra ˈplʲatsər ær upˈtagna]
I'm sorry but this is my seat.	**Jag är ledsen, men det här är min plats.** [ja ær ˈlʲesən, men dɛ hæːr ær min plʲats]

Is this seat taken?	**Är den här platsen upptagen?** [ɛr den hæːr 'pl'atsen up'taːgen?]
May I sit here?	**Kan jag sitta här?** [kan ja 'sita hæːr?]

On the train. Dialogue (No ticket)

Ticket, please.	**Biljetten, tack.**
	[bi'lʲetən, tak]
I don't have a ticket.	**Jag har ingen biljett.**
	[ja har 'iŋen bi'lʲet]
I lost my ticket.	**Jag har förlorat min biljett.**
	[ja har fø:lʲorat min bi'lʲet]
I forgot my ticket at home.	**Jag har glömt min biljett hemma.**
	[ja har 'glʲømt min bi'lʲet 'hɛma]
You can buy a ticket from me.	**Du kan köpa biljett av mig.**
	[dʉ: kan 'ɕøpa bi'lʲet av mɛj]
You will also have to pay a fine.	**Du kommer också behöva betala böter.**
	[dʉ: 'komər 'ukso be'høva be'talʲa 'bøtər]
Okay.	**Okej.**
	[ɔ'kej]
Where are you going?	**Vart ska du?**
	[va:ʈ ska: dʉ:?]
I'm going to ...	**Jag ska till ...**
	[ja ska tilʲ ...]
How much? I don't understand.	**Hur mycket? Jag förstår inte.**
	[hʉ: 'mʏke? ja fø:'ʂto:r 'intə]
Write it down, please.	**Vill du skriva det.**
	[vilʲ dʉ: 'skri:va dɛ]
Okay. Can I pay with a credit card?	**Bra. Kan jag betala med kreditkort?**
	[bra:. kan ja be'talʲa me kre'dit ko:ʈ?]
Yes, you can.	**Ja, det kan du.**
	[ja, dɛ kan dʉ]
Here's your receipt.	**Här är ert kvitto.**
	[hæ:r ær e:ʈ 'kvito]
Sorry about the fine.	**Jag beklagar bötesavgiften.**
	[ja be'klʲagar bøtesav 'jiftən]
That's okay. It was my fault.	**Det är okej. Det var mitt fel.**
	[de: ær ɔ'kej. dɛ var mit felʲ]
Enjoy your trip.	**Ha en trevlig resa.**
	[ha en 'trɛvlig 'resa]

Taxi

taxi	**taxi** ['taksi]
taxi driver	**taxichaufför** ['taksi ʂo'føːr]
to catch a taxi	**att ta en taxi** [at ta en 'taksi]
taxi stand	**taxistation** ['taksi sta'ɧuːn]
Where can I get a taxi?	**Var kan jag få tag på en taxi?** [var kan ja fo tag pɔ en 'taksi?]
to call a taxi	**att ringa en taxi** [at 'riŋa en 'taksi]
I need a taxi.	**Jag behöver en taxi.** [ja be'høvər en 'taksi]
Right now.	**Omedelbart.** [uˈmedelʲbaːt]
What is your address (location)?	**Vad har du för adress?** [vad har dʉː før a'drɛs?]
My address is ...	**Min adress är ...** [min a'drɛs ær ...]
Your destination?	**Vart ska du åka?** [vaːt ska dʉː oka?]
Excuse me, ...	**Ursäkta mig, ...** [ʉːˈʂɛkta mɛj, ...]
Are you available?	**Är du ledig?** [ɛr dʉː 'lʲeːdig?]
How much is it to get to ...?	**Vad kostar det att åka till ...?** [vad 'kostar dɛ at 'oːka tilʲ ...?]
Do you know where it is?	**Vet du var det ligger?** [vet dʉː var dɛ 'ligər?]
Airport, please.	**Till flygplatsen, tack.** [tilʲ 'flʲyg 'plʲatsən, tak]
Stop here, please.	**Kan du stanna här, tack.** [kan dʉː 'stana hæːr, tak]
It's not here.	**Det är inte här.** [deː ær 'intə hɛr]
This is the wrong address.	**Det här är fel adress.** [deː hæːr ær felʲ ad'rɛs]
Turn left.	**Sväng vänster.** ['svɛŋ 'vɛnstər]

Turn right.	**Sväng höger.** ['svɛŋ 'høgər]
How much do I owe you?	**Hur mycket är jag skyldig?** [hʉ: 'mʏke ær ja 'fjʏlʲdig?]
I'd like a receipt, please.	**Jag skulle vilja ha ett kvitto, tack.** [ja 'skʉlʲe 'vilja ha et 'kvito, tak]
Keep the change.	**Behåll växeln.** [be'holʲ 'vɛkselʲn]
Would you please wait for me?	**Vill du vara vänlig och vänta på mig?** [vilʲ dʉ: 'va:ra 'vɛnlig o vɛnta pɔ mɛj?]
five minutes	**fem minuter** [fem mi'nʉ:tər]
ten minutes	**tio minuter** ['ti:o mi'nʉ:tər]
fifteen minutes	**femton minuter** ['femtɔn mi'nʉ:tər]
twenty minutes	**tjugo minuter** ['ɕʉ:go mi'nʉ:ter]
half an hour	**en halvtimme** [en 'halʲv'time]

Hotel

Hello.	**Hej** [hɛj]
My name is ...	**Jag heter ...** [ja 'hetər ...]
I have a reservation.	**Jag har bokat.** [ja har 'bokat]
I need ...	**Jag behöver ...** [ja be'høvər ...]
a single room	**ett enkelrum** [et 'ɛnkəlʲ ruːm]
a double room	**ett dubbelrum** [et 'dubəlʲ ruːm]
How much is that?	**Hur mycket kostar det?** [hʉː 'mʏke 'kostar dɛ?]
That's a bit expensive.	**Det är lite dyrt.** [deː ær 'lʲite dyːʈ]
Do you have anything else?	**Har du några andra alternativ?** [har dʉː 'nogra 'andra alʲterna'tiv?]
I'll take it.	**Jag tar det.** [ja tar dɛ]
I'll pay in cash.	**Jag betalar kontant.** [ja be'talʲar kon'tant]
I've got a problem.	**Jag har ett problem.** [ja har et prɔ'blʲem]
My ... is broken.	**... är trasig.** [... ær 'trasig]
My ... is out of order.	**... fungerar inte.** [... fʉ'ŋerar 'intə]
TV	**min TV** [min 'teve]
air conditioner	**min luftkonditionering** [min 'lʲʉft kondiʃʉ'nɛriŋ]
tap	**min kran** [min kran]
shower	**min dusch** [min duʂ]
sink	**mitt handfat** [mit 'handfaːt]
safe	**mitt kassaskåp** [mit 'kasaˌskoːp]

door lock	**mitt dörrlås** [mit 'dørlʲos]
electrical outlet	**mitt eluttag** [mit ɛlʲ'ʉːtag]
hairdryer	**min hårtork** [min 'hoːtork]

I don't have ...	**Jag har ...** [ja har ...]
water	**inget vatten** ['iŋet 'vatən]
light	**inget ljus** ['iŋet jʉːs]
electricity	**ingen elektricitet** [iŋen ɛlʲektrisi'tet]

Can you give me ...?	**Skulle du kunna ge mig ...?** ['skʉlʲe dʉː 'kuna je mɛj ...?]
a towel	**en handduk** [en 'haŋdʉːk]
a blanket	**en filt** [en filʲt]
slippers	**tofflor** ['toflʲor]
a robe	**en badrock** [en 'badrok]
shampoo	**schampo** ['ʂampo]
soap	**tvål** [tvoːlʲ]

I'd like to change rooms.	**Jag skulle vilja byta rum.** [ja 'skʉlʲe 'vilja 'byːta rʉːm]
I can't find my key.	**Jag hittar inte min nyckel.** [ja 'hitar 'inte min 'nʏkəlʲ]
Could you open my room, please?	**Skulle du kunna öppna mitt rum, tack?** ['skʉlʲe dʉː 'kuna 'øpna mit rum, tak?]

Who's there?	**Vem är det?** [vem ær dɛ?]
Come in!	**Kom in!** [kom 'in!]
Just a minute!	**Ett ögonblick!** [et 'øːgɔnblik!]

Not right now, please.	**Inte just nu, tack.** ['intə jʉst nʉː, tak]
Come to my room, please.	**Kom till mitt rum, tack.** [kom tilʲ mit rʉːm, tak]

I'd like to order food service.	**Jag skulle vilja beställa mat via rumsservice.** [ja 'skɵlʲe 'vilja be'stɛlʲa mat via 'ruːmsøːvis]
My room number is ...	**Mitt rumsnummer är ...** [mit 'ruːmsˌnɵmer ær ...]
I'm leaving ...	**Jag reser ...** [ja 'reːsər ...]
We're leaving ...	**Vi reser ...** [viː 'reːsər ...]
right now	**just nu** ['jɵst nɵː]
this afternoon	**i eftermiddag** [i 'ɛftə mid'daːg]
tonight	**ikväll** [iːkvɛlʲ]
tomorrow	**imorgon** [i'mɔrgɔn]
tomorrow morning	**imorgon på morgonen** [i'mɔrgɔn pɔ 'mɔrgɔnən]
tomorrow evening	**imorgon på kvällen** [i'mɔrgɔn pɔ 'kvɛlʲen]
the day after tomorrow	**i övermorgon** [i 'øːvəˌmɔrgɔn]

I'd like to pay.	**Jag skulle vilja betala.** [ja 'skɵlʲe 'vilja be'taːlʲa]
Everything was wonderful.	**Allt var fantastiskt.** [alʲt var fan'tastiskt]
Where can I get a taxi?	**Var kan jag få tag på en taxi?** [var kan ja fo tag pɔ en 'taksi?]
Would you call a taxi for me, please?	**Skulle du vilja vara snäll och ringa en taxi åt mig?** ['skɵlʲe dɵː vilja 'vaːra snɛlʲ o 'riŋa en 'taksi ot mɛj?]

Restaurant

Can I look at the menu, please?	**Kan jag få se menyn, tack?** [kan ja fo se me'nyn, tak?]
Table for one.	**Ett bord för en.** [et bo:d før en]
There are two (three, four) of us.	**Vi är två (tre, fyra) personer.** [vi: ær tvo: (tre, 'fy:ra) pɛ:'ṣu:nər]
Smoking	**Rökare** ['røkarə]
No smoking	**Icke rökare** ['ike røkarə]
Excuse me! (addressing a waiter)	**Ursäkta!** [ʉ:'sɛkta!]
menu	**meny** [me'ny:]
wine list	**vinlista** ['vi:nlista]
The menu, please.	**Menyn, tack.** [me'nyn, tak]
Are you ready to order?	**Är ni redo att beställa?** [ɛr ni 'redo at be'stɛlˈa?]
What will you have?	**Vad önskar du?** [vad 'ønskar dʉ:?]
I'll have ...	**Jag tar ...** [ja tar ...]
I'm a vegetarian.	**Jag är vegetarian.** [ja ær vegetari'a:n]
meat	**kött** [ɕø:t]
fish	**fisk** ['fisk]
vegetables	**grönsaker** ['grøn'sakər]
Do you have vegetarian dishes?	**Har ni vegetariska rätter?** [har ni vege'ta:riska 'rɛtər?]
I don't eat pork.	**Jag äter inte kött.** [ja 'ɛ:ter 'intə ɕøt]
He /she/ doesn't eat meat.	**Han /hon/ äter inte kött.** [han /hon/ 'ɛ:tər 'intə ɕøt]
I am allergic to ...	**Jag är allergisk mot ...** [ja ær a'lˈɛrgisk mut ...]

Would you please bring me ...	**Skulle du kunna ge mig ...** ['skɵlʲe dʉ: 'kuna je mɛj ...]
salt | pepper | sugar	**salt | peppar | socker** [salʲt | 'pepar | 'sokər]
coffee | tea | dessert	**kaffe | te | dessert** ['kafə | te | de'sɛ:r]
water | sparkling | plain	**vatten | kolsyrat | icke kolsyrat** ['vaten | 'kɔlʲ'sy:rat | 'ike 'kɔlʲ'sy:rat]
a spoon | fork | knife	**en sked | gaffel | kniv** [en ɧed | 'gafəlʲ | kni:v]
a plate | napkin	**en tallrik | servett** [en 'talʲrik | ser'vet]

Enjoy your meal!	**Smaklig måltid!** ['smaklig 'molʲtid]
One more, please.	**En /Ett/ ... till tack.** [en /et/ ... tilʲ tak]
It was very delicious.	**Det var utsökt.** [dɛ var 'ʉtsøkt]

check | change | tip	**nota | växel | dricks** ['no:ta | 'vɛksəlʲ | driks]
Check, please. (Could I have the check, please?)	**Notan, tack.** ['no:tan, tak]
Can I pay by credit card?	**Kan jag betala med kreditkort?** [kan ja be'talʲa me kre'dit ko:[?]
I'm sorry, there's a mistake here.	**Jag beklagar, det är ett misstag här.** [ja be'klʲagar, dɛ ær et 'mistag hæ:r]

Shopping

Can I help you?	**Kan jag hjälpa dig?** [kan ja ˈjɛlʲpa dɛj?]
Do you have ...?	**Har ni ...?** [har ni ...?]
I'm looking for ...	**Jag letar efter ...** [ja ˈlʲetar ˈɛftər ...]
I need ...	**Jag behöver ...** [ja beˈhøvər ...]
I'm just looking.	**Jag tittar bara.** [ja ˈtitar ˈbaːra]
We're just looking.	**Vi tittar bara.** [vi ˈtitar ˈbaːra]
I'll come back later.	**Jag kommer tillbaka senare.** [ja ˈkomər tilʲˈbaka ˈsenarə]
We'll come back later.	**Vi kommer tillbaka senare.** [vi ˈkomər tilʲˈbaka ˈsenarə]
discounts | sale	**rabatt I rea** [raˈbat | ˈreːa]
Would you please show me ...	**Skulle du kunna visa mig ...** [ˈskɵlʲe dɵː ˈkuna ˈviːsa mɛj ...]
Would you please give me ...	**Skulle du kunna ge mig ...** [ˈskɵlʲe dɵː ˈkuna je mɛj ...]
Can I try it on?	**Kan jag prova?** [kan ja ˈpruːva?]
Excuse me, where's the fitting room?	**Ursäkta mig, var finns provrummen?** [ɵːˈʂɛkta mɛj, var fins ˈpruvˌrumən?]
Which color would you like?	**Vilken färg vill du ha?** [ˈvilʲkən ˈfæːrj vilʲ dɵː ha?]
size | length	**storlek I längd** [ˈstorlʲek | lʲeŋd]
How does it fit?	**Hur sitter den?** [hɵː ˈsitər den?]
How much is it?	**Hur mycket kostar det?** [hɵː ˈmʏke ˈkostar dɛ?]
That's too expensive.	**Det är för dyrt.** [de: ær før dyːt]
I'll take it.	**Jag tar den (det, dem).** [ja tar den (dɛ, dem)]
Excuse me, where do I pay?	**Ursäkta mig, var betalar man?** [ɵːˈʂɛkta mɛj, var beˈtalʲar man?]

Will you pay in cash or credit card?	**Betalar du kontant eller med kreditkort?** [be'tal'ar dɵ: kon'tant el'e me kre'dit ko:ʈ?]
In cash | with credit card	**Kontant I med kreditkort** [kon'tant | me kre'dit ko:ʈ]

Do you want the receipt?	**Vill du ha kvittot?** [vil' dɵ: ha: 'kvitot?]
Yes, please.	**Ja, tack.** [ja, tak]
No, it's OK.	**Nej, det behövs inte.** [nɛj, dɛ bɛhøvs 'inte]
Thank you. Have a nice day!	**Tack. Ha en bra dag!** [tak. ha en bra: dag!]

In town

Excuse me, please.	**Ursäkta mig.** [ʉːˈsɛkta mɛj]
I'm looking for ...	**Jag letar efter ...** [ja ˈlʲetar ˈɛftər ...]
the subway	**tunnelbanan** [ˈtʉnəlʲ ˈbaːnan]
my hotel	**mitt hotell** [mit hoˈtelʲ]
the movie theater	**biografen** [bioˈgrafən]
a taxi stand	**en taxistation** [en ˈtaksi staˈʧuːn]
an ATM	**en uttagsautomat** [en ʉːˈtaːgs autoˈmat]
a foreign exchange office	**ett växlingskontor** [et ˈvɛkslɪŋs konˈtuːr]
an internet café	**ett internetkafé** [et ˈinternet kaˈfe]
... street	**... gatan** [... ˈgatan]
this place	**den här platsen** [den hæːr ˈplʲatsən]
Do you know where ... is?	**Vet du var ... ligger?** [vet duː var ... ˈligər?]
Which street is this?	**Vilken gata är det här?** [ˈvilʲkən gata ær dɛ hæːr?]
Show me where we are right now.	**Kan du visa mig var vi är nu.** [kan dʉː ˈviːsa mɛj var vi ær nʉː]
Can I get there on foot?	**Kan jag ta mig dit till fots?** [kan ja ta mɛj dit tilʲ ˈfots?]
Do you have a map of the city?	**Har ni en karta över stan?** [har ni en ˈkaːʈa øːvər stan?]
How much is a ticket to get in?	**Hur mycket kostar inträdet?** [hʉː ˈmʏke ˈkostar intrɛdet?]
Can I take pictures here?	**Får jag fotografera här?** [for ja fʉtʉgraˈfera hæːr?]
Are you open?	**Har ni öppet?** [har ni øpet?]

When do you open?	**När öppnar ni?** [nɛr øpnar ni?]
When do you close?	**När stänger ni?** [nɛr 'stɛŋər ni?]

Money

money	**pengar** ['peŋar]
cash	**kontanter** [kon'tantər]
paper money	**sedlar** ['sedlʲar]
loose change	**småpengar** ['smoː'peŋar]
check | change | tip	**nota | växel | dricks** ['noːta | 'vɛksəlʲ | driks]
credit card	**kreditkort** [kre'dit koːt]
wallet	**plånbok** ['plʲoːnbʊk]
to buy	**att köpa** [at 'ɕøpa]
to pay	**att betala** [at be'talʲa]
fine	**böter** ['bøter]
free	**gratis** ['gratis]
Where can I buy ...?	**Var kan jag köpa ...?** [var kan ja 'ɕøpa ...?]
Is the bank open now?	**Är banken öppen nu?** [ɛr 'bankəen 'øpen nuː?]
When does it open?	**När öppnar den?** [nɛr øpnar dɛn?]
When does it close?	**När stänger den?** [nɛr 'stɛŋər den?]
How much?	**Hur mycket?** [huː 'mʏke?]
How much is this?	**Hur mycket kostar den här?** [huː 'mʏke 'kostar den hæːr?]
That's too expensive.	**Det är för dyrt.** [deː ær før dyːt]
Excuse me, where do I pay?	**Ursäkta mig, var betalar man?** [ʉː'ʂɛkta mɛj, var be'talʲar man?]
Check, please.	**Notan, tack.** ['noːtan, tak]

Can I pay by credit card?	**Kan jag betala med kreditkort?** [kan ja be'talʲa me kreˈdit koːʈ?]
Is there an ATM here?	**Finns det en uttagsautomat här?** [fins dɛ en 'ʉtags autoˈmat hæːr?]
I'm looking for an ATM.	**Jag letar efter en uttagsautomat.** [ja ˈlʲetar 'ɛftər en ʉːˈtags autoˈmat]

I'm looking for a foreign exchange office.	**Jag letar efter ett växlingskontor.** [ja ˈlʲetar 'ɛftər et 'vɛkslɪŋs konˈtuːr]
I'd like to change ...	**Jag skulle vilja växla ...** [ja 'skʉlʲe 'vilja 'vɛkslʲa ...]
What is the exchange rate?	**Vad är växlingskursen?** [vad ær 'vɛkslɪŋs 'kʉːʂən?]
Do you need my passport?	**Behöver du mitt pass?** [beˈhøvər dʉː mit pas?]

Time

What time is it?	**Vad är klockan?** [vad ær 'klʲɔkan?]
When?	**När?** [nɛr?]
At what time?	**Vid vilken tid?** [vid 'vilʲkən tid?]
now | later | after ...	**nu | senare | efter ...** [nʉ: | 'senarə | 'ɛftər ...]
one o'clock	**klockan ett** ['klʲɔkan et]
one fifteen	**kvart över ett** [kvaːʈ 'øːvər et]
one thirty	**halv två** [halʲv tvoː]
one forty-five	**kvart i två** [kvaːʈ i tvoː]
one | two | three	**ett | två | tre** [et | tvoː | tre]
four | five | six	**fyra | fem | sex** ['fyːra | fem | sɛks]
seven | eight | nine	**sju | åtta | nio** [ɧʉ: | 'ota | 'niːo]
ten | eleven | twelve	**tio | elva | tolv** ['tiːo | 'elʲva | tolʲv]
in ...	**om ...** [om ...]
five minutes	**fem minuter** [fem mi'nʉːtər]
ten minutes	**tio minuter** ['tiːo mi'nʉːtər]
fifteen minutes	**femton minuter** ['femton mi'nʉːtər]
twenty minutes	**tjugo minuter** ['ɕʉːgo mi'nʉːter]
half an hour	**en halvtimme** [en 'halʲv'timə]
an hour	**en timme** [en 'time]
in the morning	**på morgonen** [pɔ 'mɔrgɔnən]
early in the morning	**tidigt på morgonen** ['tidit pɔ 'mɔrgɔnən]

this morning	**den här morgonen** [den hæːr 'mɔrgɔnən]
tomorrow morning	**imorgon på morgonen** [i'mɔrgɔn pɔ 'mɔrgɔnən]
in the middle of the day	**mitt på dagen** [mit pɔ 'dagən]
in the afternoon	**på eftermiddagen** [pɔ 'ɛftə mid'dagən]
in the evening	**på kvällen** [pɔ 'kvɛlʲen]
tonight	**ikväll** [iːkvɛlʲ]
at night	**på natten** [pɔ 'natən]
yesterday	**i går** [i goːr]
today	**idag** [idaːg]
tomorrow	**imorgon** [i'mɔrgɔn]
the day after tomorrow	**i övermorgon** [i 'øːvə‿mɔrgɔn]
What day is it today?	**Vad är det för dag idag?** [vad ær dɛ før daːg 'idaːg?]
It's ...	**Det är ...** [deː ær ...]
Monday	**måndag** ['mɔndag]
Tuesday	**tisdag** ['tiːsdag]
Wednesday	**onsdag** ['onsdag]
Thursday	**torsdag** ['toːʂdag]
Friday	**fredag** ['freːdag]
Saturday	**lördag** ['lʲøːdag]
Sunday	**söndag** ['sœndag]

Greetings. Introductions

Hello.	**Hej** [hɛj]
Pleased to meet you.	**Trevligt att träffas.** ['trɛvligt at trɛfas]
Me too.	**Detsamma.** [de'sama]
I'd like you to meet ...	**Jag skulle vilja träffa ...** [ja 'skɵlʲe 'vilja 'trɛfa ...]
Nice to meet you.	**Trevligt att träffas.** ['trɛvligt at trɛfas]
How are you?	**Hur står det till?** [hɵ: stoː dɛ tilʲ?]
My name is ...	**Jag heter ...** [ja 'hetər ...]
His name is ...	**Han heter ...** [han 'hetər ...]
Her name is ...	**Hon heter ...** [hon 'hetər ...]
What's your name?	**Vad heter du?** [vad 'hetər dɵː?]
What's his name?	**Vad heter han?** [vad 'hetər han?]
What's her name?	**Vad heter hon?** [vad 'hetər hon?]
What's your last name?	**Vad heter du i efternamn?** [vad 'hetər dɵː i 'ɛftəˌnamn?]
You can call me ...	**Du kan kalla mig ...** [dɵː kan 'kalʲa mɛj ...]
Where are you from?	**Varifrån kommer du?** ['varifron 'komər dɵː?]
I'm from ...	**Jag kommer från ...** [ja 'komər fron ...]
What do you do for a living?	**Vad arbetar du med?** [vad ar'betar dɵː meː?]
Who is this?	**Vem är det här?** [vem ær dɛ hæːr?]
Who is he?	**Vem är han?** [vem ær han?]
Who is she?	**Vem är hon?** [vem ær hon?]

Who are they?	**Vilka är de?** ['vilʲka ær dom?]
This is ...	**Det här är ...** [de: hæ:r ær ...]
my friend (masc.)	**min vän** [min vɛn]
my friend (fem.)	**min väninna** [min vɛ'nina]
my husband	**min man** [min man]
my wife	**min fru** [min frʉ:]
my father	**min far** [min fa:r]
my mother	**min mor** [min mo:r]
my brother	**min bror** [min 'bru:r]
my sister	**min syster** [min 'sʏstər]
my son	**min son** [min so:n]
my daughter	**min dotter** [min 'dotər]
This is our son.	**Det här är vår son.** [de: hæ:r ær vor son]
This is our daughter.	**Det här är vår dotter.** [de: hæ:r ær vor 'dotər]
These are my children.	**Det här är mina barn.** [de: hæ:r ær 'mina ba:ŋ]
These are our children.	**Det här är våra barn.** [de: hæ:r ær 'vo:ra ba:ŋ]

Farewells

Good bye!	**På återseende! Hej då!** [pɔ ote:'ʂeəndə! hɛj do:!]
Bye! (inform.)	**Hej då!** [hɛj do:!]
See you tomorrow.	**Vi ses imorgon.** [vi ses i'mɔrgɔn]
See you soon.	**Vi ses snart.** [vi ses sna:t]
See you at seven.	**Vi ses klockan sju.** [vi ses 'klʲokan ɧɯ:]
Have fun!	**Ha det så roligt!** [ha dɛ so 'roligt!]
Talk to you later.	**Vi hörs senare.** [vi hø:ʂ 'senarə]
Have a nice weekend.	**Ha en trevlig helg.** [ha en 'trɛvlig helj]
Good night.	**Godnatt.** [god'nat]
It's time for me to go.	**Det är dags för mig att ge mig av.** [de: ær da:gs før mɛj at je mɛj av]
I have to go.	**Jag behöver ge mig av.** [ja be'høvər je mɛj av]
I will be right back.	**Jag kommer strax tillbaka.** [ja 'komər straks till'baka]
It's late.	**Det är sent.** [de: ær sɛnt]
I have to get up early.	**Jag måste gå upp tidigt.** [ja 'mostə go up 'tidit]
I'm leaving tomorrow.	**Jag ger mig av imorgon.** [ja jer mɛj av i'mɔrgɔn]
We're leaving tomorrow.	**Vi ger oss av imorgon.** [vi je:r os av i'mɔrgɔn]
Have a nice trip!	**Trevlig resa!** ['trɛvlig 'resa!]
It was nice meeting you.	**Det var trevligt att träffas.** [dɛ var 'trɛvligt at trɛfas]
It was nice talking to you.	**Det var trevligt att prata med dig.** [de: var 'trɛvligt at 'pra:ta me dɛj]
Thanks for everything.	**Tack för allt.** [tak før alʲt]

I had a very good time.	**Jag hade väldigt trevligt.**
	[ja 'hadə 'vɛlʲdigt 'trɛvligt]
We had a very good time.	**Vi hade väldigt trevligt.**
	[vi 'hade 'vɛlʲdigt 'trɛvligt]
It was really great.	**Det var verkligen trevligt.**
	[dɛ var 'vɛrkligən 'trɛvligt]
I'm going to miss you.	**Jag kommer att sakna dig.**
	[ja 'komər at 'sakna dɛj]
We're going to miss you.	**Vi kommer att sakna dig.**
	[vi 'komer at 'sakna dɛj]

Good luck!	**Lycka till!**
	['lʲʏka tilʲ!]
Say hi to ...	**Hälsa till ...**
	['hɛlʲsa tilʲ ...]

Foreign language

I don't understand.	**Jag förstår inte.**
	[ja føː'ṣtoːr 'intə]
Write it down, please.	**Skulle du kunna skriva ner det.**
	['skɵlʲe dʉː 'kuna 'skriːva ner dɛ]
Do you speak ...?	**Talar du ...**
	['talʲar dʉː ...]

I speak a little bit of ...	**Jag talar lite ...**
	[ja 'talʲar 'lʲitə ...]
English	**engelska**
	['ɛŋelʲska]
Turkish	**turkiska**
	['tɵrkiska]
Arabic	**arabiska**
	[a'rabiska]
French	**franska**
	['franska]

German	**tyska**
	['tʏska]
Italian	**italienska**
	[ita'lʲeːnska]
Spanish	**spanska**
	['spanska]
Portuguese	**portugisiska**
	[poːtʉ'giːsiska]
Chinese	**kinesiska**
	[ɕi'nesiska]
Japanese	**japanska**
	[ja'paːnska]

Can you repeat that, please.	**Kan du upprepa det, tack.**
	[kan dʉː 'uprepa dɛ, tak]
I understand.	**Jag förstår.**
	[ja føː'ṣtoːr]
I don't understand.	**Jag förstår inte.**
	[ja føː'ṣtoːr 'intə]
Please speak more slowly.	**Kan du prata långsammare, tack.**
	[kan dʉː 'praːta lʲoːŋ'samarə, tak]

Is that correct? (Am I saying it right?)	**Är det rätt?**
	[ɛr dɛ rɛt?]
What is this? (What does this mean?)	**Vad är det här?**
	[vad ær dɛ hɛr?]

Apologies

Excuse me, please.	**Ursäkta mig.**
	[ʉːˈsɛkta mɛj]
I'm sorry.	**Jag är ledsen.**
	[ja ær ˈlʲesən]
I'm really sorry.	**Jag är verkligen ledsen.**
	[ja ær ˈvɛrkligən ˈlʲesən]
Sorry, it's my fault.	**Jag är ledsen, det är mitt fel.**
	[ja ær ˈlʲesən, dɛ ær mit felʲ]
My mistake.	**Det är jag som har gjort ett misstag.**
	[deː ær ja som har joːt et ˈmistag]
May I ...?	**Får jag ... ?**
	[for jaː ...?]
Do you mind if I ...?	**Har du något emot om jag ...?**
	[har dʉː ˈnoːgɔt ɛˈmoːt om ja ...?]
It's OK.	**Det är okej.**
	[deː ær ɔˈkej]
It's all right.	**Det är okej.**
	[deː ær ɔˈkej]
Don't worry about it.	**Tänk inte på det.**
	[tɛnk ˈintə pɔ dɛ]

Agreement

Yes.	**Ja** [ja]
Yes, sure.	**Ja, säkert.** [ja, 'sɛːket]
OK (Good!)	**Bra!** [braː!]
Very well.	**Mycket bra.** ['mʏke braː]
Certainly!	**Ja visst!** [ja vist!]
I agree.	**Jag håller med.** [ja 'holʲer meː]
That's correct.	**Det stämmer.** [deː 'stɛmər]
That's right.	**Det är rätt.** [deː ær rɛt]
You're right.	**Du har rätt.** [dʉː har rɛt]
I don't mind.	**Jag har inget emot det.** [ja har 'iŋet ɛ'moːt dɛ]
Absolutely right.	**Det stämmer helt.** [deː 'stɛmər helʲt]
It's possible.	**Det är möjligt.** [deː ær 'møjligt]
That's a good idea.	**Det är en bra idé.** [deː ær en braː i'deː]
I can't say no.	**Jag kan inte säga nej.** [ja kan 'intə 'sɛja nɛj]
I'd be happy to.	**Det gör jag gärna.** [deː jør ja 'jæːŋa]
With pleasure.	**Med nöje.** [me 'nøje]

Refusal. Expressing doubt

No.	**Nej** [nɛj]
Certainly not.	**Verkligen inte.** ['vɛrkligən 'intə]
I don't agree.	**Jag håller inte med.** [ja 'holʲer 'intə me:]
I don't think so.	**Jag tror inte det.** [ja tror 'intə dɛ]
It's not true.	**Det är inte sant.** [de: ær 'intə sant]
You are wrong.	**Du har fel.** [dʉ: har felʲ]
I think you are wrong.	**Jag tycker att du har fel.** [ja 'tʏkər at dʉ: har felʲ]
I'm not sure.	**Jag är inte säker.** [ja ær 'intə 'sɛ:kər]
It's impossible.	**Det är omöjligt.** [de: ær u:'mœjligt]
Nothing of the kind (sort)!	**Absolut inte!** [abso'lʲʉt 'intə!]
The exact opposite.	**Raka motsatsen.** ['ra:ka 'mo:tsatsən]
I'm against it.	**Jag är emot det.** [ja ær ɛ'mo:t dɛ]
I don't care.	**Jag bryr mig inte om det.** [ja bry:r mɛj 'intə om dɛ]
I have no idea.	**Jag har ingen aning.** [ja har 'iŋen 'aniŋ]
I doubt it.	**Jag betvivlar det.** [ja bet'vivlʲar dɛ]
Sorry, I can't.	**Jag är ledsen, det kan jag inte.** [ja ær 'lʲesən, dɛ kan ja 'intə]
Sorry, I don't want to.	**Jag är ledsen, det vill jag inte.** [ja ær 'lʲesən, dɛ vilʲ ja 'intə]
Thank you, but I don't need this.	**Nej, tack.** [nɛj, tak]
It's getting late.	**Det börjar bli sent.** [de: 'børjar bli sɛnt]

I have to get up early.	**Jag måste gå upp tidigt.** [ja 'mostə go up 'tidit]
I don't feel well.	**Jag mår inte bra.** [ja mor 'intə bra:]

Expressing gratitude

Thank you.	**Tack** [tak]
Thank you very much.	**Tack så mycket.** [tak so 'mʏke]
I really appreciate it.	**Jag uppskattar det verkligen.** [ja 'upskatar dɛ 'vɛrkligən]
I'm really grateful to you.	**Jag är verkligen tacksam mot dig.** [ja ær 'vɛrkligən 'taksam mot dɛj]
We are really grateful to you.	**Vi är verkligen tacksamma mot dig.** [vi: ær 'vɛrkligən 'taksama mo:t dɛj]

Thank you for your time.	**Tack för dig stund.** [tak før dɛj stund]
Thanks for everything.	**Tack för allt.** [tak før alʲt]
Thank you for ...	**Tack för ...** [tak før ...]
your help	**din hjälp** [din jɛlʲp]
a nice time	**en trevlig tid** [en 'trɛvlig tid]

a wonderful meal	**en fantastisk måltid** [en fan'tastisk 'molʲtid]
a pleasant evening	**en trevlig kväll** [en 'trɛvlig kvɛlʲ]
a wonderful day	**en underbar dag** [en 'undəbar da:g]
an amazing journey	**en fantastisk resa** [en fan'tastisk 'resa]

Don't mention it.	**Ingen orsak.** ['iŋen 'u:ʂak]
You are welcome.	**Väl bekomme.** [vɛlʲ be'komə]
Any time.	**Ingen orsak.** ['iŋen 'u:ʂak]
My pleasure.	**Nöjet är helt på min sida.** ['nøjet ær helʲt pɔ min 'si:da]
Forget it.	**Ingen orsak.** ['iŋen 'u:ʂak]
Don't worry about it.	**Tänk inte på det.** [tɛnk 'intə pɔ dɛ]

Congratulations. Best wishes

Congratulations!	**Gratulationer!** [gratɵlˈaˈfjuːnər!]
Happy birthday!	**Grattis på födelsedagen!** [ˈgratis pɔ ˈfødelʲse ˈdagen!]
Merry Christmas!	**God Jul!** [god jɵːlʲ!]
Happy New Year!	**Gott Nytt År!** [got nʏt oːr!]
Happy Easter!	**Glad Påsk!** [glʲad ˈposk!]
Happy Hanukkah!	**Glad Chanukka!** [glʲad ˈhanɵka!]
I'd like to propose a toast.	**Jag skulle vilja utbringa en skål.** [ja ˈskɵlʲe ˈvilja ɵːtˈbriŋa en skolʲ]
Cheers!	**Skål!** [skolʲ!]
Let's drink to …!	**Låt oss dricka för …!** [lʲot os ˈdrika før …!]
To our success!	**För vår framgång!** [før vor ˈframgoːŋ!]
To your success!	**För dig framgång!** [før dɛj ˈframgoːŋ!]
Good luck!	**Lycka till!** [ˈlʲʏka tilʲ!]
Have a nice day!	**Ha en bra dag!** [ha en braː dag!]
Have a good holiday!	**Ha en bra helg!** [ha en braː helj!]
Have a safe journey!	**Säker resa!** [ˈsɛːkər ˈresa!]
I hope you get better soon!	**Krya på dig!** [ˈkrya pɔ dɛj!]

Socializing

Why are you sad?	**Varför är du ledsen?** ['va:før:r ær dʉ: 'l̥esən?]
Smile! Cheer up!	**Får ja se ett leende? Upp med hakan!** [for ja se et 'l̥eəndə? up me 'ha:kan!]
Are you free tonight?	**Är du ledig ikväll?** [ɛr dʉ: 'l̥e:dig i:kvɛl̥?]
May I offer you a drink?	**Får jag bjuda på en drink?** [for ja 'bjʉ:da pɔ en drink?]
Would you like to dance?	**Vill du dansa?** [vil̥ dʉ: 'dansa?]
Let's go to the movies.	**Låt oss gå på bio.** [l̥ot os go pɔ 'bi:o]
May I invite you to ...?	**Får jag bjuda dig på ...?** [for ja 'bjʉ:da dɛj pɔ ...?]
a restaurant	**restaurang** [rɛsto'raŋ]
the movies	**bio** ['bio]
the theater	**teater** [te'a:ter]
go for a walk	**gå på en promenad** ['go pɔ en prome'nad]
At what time?	**Vilken tid?** ['vil̥kən tid?]
tonight	**ikväll** [i:kvɛl̥]
at six	**vid sex** [vid 'sɛks]
at seven	**vid sju** [vid ɧʉ:]
at eight	**vid åtta** [vid 'ota]
at nine	**vid nio** [vid 'ni:o]
Do you like it here?	**Gillar du det här stället?** ['jil̥ar dʉ: dɛ hæ:r 'stɛl̥et?]
Are you here with someone?	**Är du här med någon?** [ɛr dʉ: hæ:r me 'no:gɔn?]
I'm with my friend.	**Jag är här med min vän /väninna/.** [ja ær hæ:r me min vɛn /vɛ'nina/]

I'm with my friends.	**Jag är här med mina vänner.**
	[ja ær hæːr me 'mina 'vɛnər]
No, I'm alone.	**Nej, jag är ensam.**
	[nɛj, ja ær 'ɛnsam]
Do you have a boyfriend?	**Har du pojkvän?**
	[har dʉ: 'pojkvɛn?]
I have a boyfriend.	**Jag har pojkvän.**
	[ja har 'pojkvɛn]
Do you have a girlfriend?	**Har du flickvän?**
	[har dʉ: 'flikvɛn?]
I have a girlfriend.	**Jag har flickvän.**
	[ja har 'flʲikvɛn]
Can I see you again?	**Får jag träffa dig igen?**
	[for ja 'trɛfa dɛj i'jen?]
Can I call you?	**Kan jag ringa dig?**
	[kan ja 'riŋa dɛj?]
Call me. (Give me a call.)	**Ring mig.**
	['riŋ mɛj]
What's your number?	**Vad har du för nummer?**
	[vad har dʉ: før 'nʉmər?]
I miss you.	**Jag saknar dig.**
	[ja 'saknar dɛj]
You have a beautiful name.	**Du har ett vackert namn.**
	[dʉ: har et 'vakeːt̻ namn]
I love you.	**Jag älskar dig.**
	[ja 'ɛlʲskər dɛj]
Will you marry me?	**Vill du gifta dig med mig?**
	[vilʲ dʉ: 'jifta dɛj me mɛj?]
You're kidding!	**Du skämtar!**
	[dʉ: 'ɧɛmtar!]
I'm just kidding.	**Jag skämtar bara.**
	[ja 'ɧɛmtar 'baːra]
Are you serious?	**Menar du allvar?**
	['meːnar dʉ: 'alʲvaːr?]
I'm serious.	**Jag menar allvar.**
	[ja 'meːnar 'alʲvaːr]
Really?!	**Verkligen?!**
	['vɛrkligən?!]
It's unbelievable!	**Det är otroligt!**
	[deː ær ʉː'troːligt!]
I don't believe you.	**Jag tror dig inte.**
	[ja tror dɛj 'intə]
I can't.	**Jag kan inte.**
	[ja kan 'intə]
I don't know.	**Jag vet inte.**
	[ja vet 'intə]

I don't understand you.	**Jag förstår dig inte.** [ja fø:'ʂto:r dɛj 'intə]
Please go away.	**Var snäll och gå.** [var snɛlʲ o go:]
Leave me alone!	**Lämna mig ifred!** ['lʲɛ:mna mɛj ifre:d!]
I can't stand him.	**Jag står inte ut med honom.** [ja sto:r 'intə ʉt me 'honom]
You are disgusting!	**Du är vedervärdig!** [dʉ: ær 'vedervæ:ɖig!]
I'll call the police!	**Jag ska ringa polisen!** [ja ska 'riŋa po'lʲi:sən!]

Sharing impressions. Emotions

I like it.	**Jag tycker om det.** [ja ˈtykər om dɛ]
Very nice.	**Jättefint.** [ˈjɛtefint]
That's great!	**Det är fantastiskt!** [deː ær fanˈtastiskt!]
It's not bad.	**Det är inte illa.** [deː ær ˈintə ˈilʲa]
I don't like it.	**Jag gillar det inte.** [ja ˈjilʲar dɛ ˈintəe]
It's not good.	**Det är inte bra.** [deː ær ˈintə braː]
It's bad.	**Det är illa.** [deː ær ˈilʲa]
It's very bad.	**Det är väldigt dåligt.** [deː ær ˈvɛlʲdigt ˈdoːligt]
It's disgusting.	**Det är förskräckligt.** [deː ær føːˈʂkrɛkligt]
I'm happy.	**Jag är glad.** [ja ær glʲad]
I'm content.	**Jag är nöjd.** [ja ær ˈnøjd]
I'm in love.	**Jag är kär.** [ja ær ˈkæːr]
I'm calm.	**Jag är lugn.** [ja ær ˈlʲʉŋn]
I'm bored.	**Jag är uttråkad.** [ja ær ʉtˈtrokad]
I'm tired.	**Jag är trött.** [ja ær trøt]
I'm sad.	**Jag är ledsen.** [ja ær ˈlʲesən]
I'm frightened.	**Jag är rädd.** [ja ær rɛd]
I'm angry.	**Jag är arg.** [ja ær arj]
I'm worried.	**Jag är orolig.** [ja ær uˈrulig]
I'm nervous.	**Jag är nervös.** [ja ær nerˈvøːs]

I'm jealous. (envious)	**Jag är svartsjuk.** [ja ær 'sva:tɧʉ:k]
I'm surprised.	**Jag är överraskad.** [ja ær ø:vɛ'raskad]
I'm perplexed.	**Jag är förvirrad.** [ja ær før'virad]

Problems. Accidents

I've got a problem.	**Jag har ett problem.** [ja har et prɔˈblʲem]
We've got a problem.	**Vi har ett problem.** [vi har et prɔˈblʲem]
I'm lost.	**Jag är vilse.** [ja ær ˈvilʲsə]
I missed the last bus (train).	**Jag missade sista bussen (tåget).** [ja ˈmisadə ˈsista ˈbusən (ˈtoːget)]
I don't have any money left.	**Jag har inga pengar kvar.** [ja har ˈiŋa ˈpeŋar kvaːr]
I've lost my ...	**Jag har förlorat ...** [ja har føːˈlʲorat ...]
Someone stole my ...	**Någon har stulit ...** [ˈnoːgɔn har ˈstuːlit ...]
passport	**mitt pass** [mit pas]
wallet	**min plånbok** [min ˈplʲoːnbʊk]
papers	**mina handlingar** [ˈmina ˈhandliŋar]
ticket	**min biljett** [min biˈlʲet]
money	**mina pengar** [ˈmina ˈpeŋar]
handbag	**min handväska** [min ˈhandˌvɛska]
camera	**min kamera** [min ˈkaːmera]
laptop	**min laptop** [min ˈlʲaptop]
tablet computer	**min surfplatta** [min ˈsurfplʲata]
mobile phone	**min mobiltelefon** [min moˈbilʲ telʲeˈfɔn]
Help me!	**Hjälp mig!** [ˈjɛlʲp mɛjˈ]
What's happened?	**Vad har hänt?** [vad har hɛnt?]
fire	**brand** [brand]
shooting	**skottlossning** [skotˈlʲosniŋ]

T&P Books. English-Swedish phrasebook & mini dictionary

murder	**mord** ['mo:d]
explosion	**explosion** [ɛksplʲoˈʄu:n]
fight	**slagsmål** ['slʲaks mo:lʲ]

Call the police!	**Ring polisen!** ['riŋ poˈliːsən!]
Please hurry up!	**Snälla skynda på!** ['snɛlʲa ˈɧynda poːl!]
I'm looking for the police station.	**Jag letar efter polisstationen.** [ja ˈlʲetar ˈɛftər poˈlʲis staˈɧu:nən]
I need to make a call.	**Jag behöver ringa ett samtal.** [ja beˈhøvər ˈriŋa et 'samtalʲ]
May I use your phone?	**Får jag använda din telefon?** [for ja ˈanvɛnda din telʲeˈfɔn?]

I've been ...	**Jag har blivit ...** [ja har 'blivit ...]
mugged	**rånad** ['ronad]
robbed	**bestulen** [beˈstɯːlʲen]
raped	**våldtagen** ['volʲdˌtagən]
attacked (beaten up)	**angripen** ['aŋripən]

Are you all right?	**Är det okej med dig?** [ɛr dɛ ɔˈkej me dɛj?]
Did you see who it was?	**Såg du vem det var?** [sog dɯː vɛm dɛ va:r?]
Would you be able to recognize the person?	**Skulle du kunna känna igen personen?** ['skɯlʲe dɯː 'kuna kɛna ijen pɛːˈʂu:nən?]
Are you sure?	**Är du säker?** [ɛr dɯː 'sɛːker?]

Please calm down.	**Snälla lugna ner dig.** ['snɛlʲa 'lʲɯnʲa ne dɛj]
Take it easy!	**Ta det lugnt!** [ta dɛ lʲɯŋt!]
Don't worry!	**Oroa dig inte!** ['oːroa dɛj 'intə!]
Everything will be fine.	**Allt kommer att bli bra.** [alʲt 'komər at bli bra:]
Everything's all right.	**Allt är okej.** [alʲt ær ɔ'kej]
Come here, please.	**Vill du vara snäll och följa med?** [vilʲ dɯː 'va:ra snɛlʲ o 'følʲa me:?]

63

I have some questions for you.	**Jag har några frågor till dig.** [ja har 'nogra 'frogor tilʲ dɛj]
Wait a moment, please.	**Var snäll och vänta ett ögonblick, tack.** [var snɛlʲ o 'vɛnta et 'øːgɔnblik, tak]
Do you have any I.D.?	**Har du någon legitimation?** [har dʉː 'noːgɔn lʲegitima'ɧuːn?]
Thanks. You can leave now.	**Tack. Du kan gå nu.** [tak. dʉː kan go nʉː]
Hands behind your head!	**Händerna bakom huvudet!** ['hɛnderna 'bakom 'hʉvʉdet!]
You're under arrest!	**Du är anhållen!** [dʉː ær anˈholʲen!]

Health problems

Please help me.	**Snälla hjälp mig.** ['snɛlʲa jɛlʲp mɛj]
I don't feel well.	**Jag mår inte bra.** [ja mor 'intə bra:]
My husband doesn't feel well.	**Min man mår inte bra.** [min man mor 'intə bra:]
My son ...	**Min son ...** [min so:n ...]
My father ...	**min far ...** [min fa:r ...]
My wife doesn't feel well.	**Min fru mår inte bra.** [min frʉ: mor 'intə bra:]
My daughter ...	**Min dotter ...** [min 'dotər ...]
My mother ...	**Min mor ...** [min mo:r ...]
I've got a ...	**Jag har ...** [ja har ...]
headache	**huvudvärk** ['hʉːvʉd'væ:rk]
sore throat	**halsont** ['halʲsʊnt]
stomach ache	**värk i magen** [vɛrk i 'ma:gən]
toothache	**tandvärk** ['tandˌvɛrk]
I feel dizzy.	**Jag känner mig yr.** [ja 'ɕɛnər mɛj y:r]
He has a fever.	**Han har feber.** [han har 'febər]
She has a fever.	**Hon har feber.** [hon har 'febər]
I can't breathe.	**Jag kan inte andas.** [ja kan 'intə 'andas]
I'm short of breath.	**Jag har andnöd.** [ja har 'andnød]
I am asthmatic.	**Jag är astmatiker.** [ja ær ast'matikər]
I am diabetic.	**Jag är diabetiker.** [ja ær dia'betikər]

I can't sleep.	**Jag kan inte sova.**
	[ja kan 'intə 'soːva]
food poisoning	**matförgiftning**
	['maːtføːˈjiftniŋ]

It hurts here.	**Det gör ont här.**
	[deː jør ont hæːr]
Help me!	**Hjälp mig!**
	[ˈjɛlʲp mɛj!]
I am here!	**Jag är här!**
	[ja ær ˈhæːr!]
We are here!	**Vi är här!**
	[viː ær hæːr!]
Get me out of here!	**Ta mig härifrån!**
	[ta mɛj ˈhɛrifron!]
I need a doctor.	**Jag behöver en läkare.**
	[ja beˈhøvər en ˈlʲɛːkarə]
I can't move.	**Jag kan inte röra mig.**
	[ja kan 'intə 'røːra mɛj]
I can't move my legs.	**Jag kan inte röra mina ben.**
	[ja kan 'intə 'røːra 'mina bɛn]

I have a wound.	**Jag har ett sår.**
	[ja har et soːr]
Is it serious?	**Är det allvarligt?**
	[ɛr dɛ ˈalʲvaːrligt?]
My documents are in my pocket.	**Mina dokument är i min ficka.**
	['mina dokʉˈment ær i min 'fika]
Calm down!	**Lugna ner dig!**
	[ˈlʲʉnʲa neː dɛj!]
May I use your phone?	**Får jag använda din telefon?**
	[for ja ˈanvɛnda din telʲeˈfon?]

Call an ambulance!	**Ring efter en ambulans!**
	[ˈriŋ ˈɛftər en ambʉˈlʲans!]
It's urgent!	**Det är brådskande!**
	[deː ær ˈbrodskandə!]
It's an emergency!	**Det är ett nödfall!**
	[deː ær et ˈnødfalʲ!]
Please hurry up!	**Snälla, skynda dig!**
	[ˈsnɛlʲa, ˈɧynda dɛj!]
Would you please call a doctor?	**Vill du vara snäll och ringa en läkare?**
	[vilʲ dʉː ˈvaːra snɛlʲ o ˈriŋa en ˈlʲɛːkarə?]
Where is the hospital?	**Var är sjukhuset?**
	[var ær ˈɧʉːkhʉːset?]

How are you feeling?	**Hur mår du?**
	[hʉː mor dʉː?]
Are you all right?	**Är du okej?**
	[ɛr dʉː ɔˈkej?]
What's happened?	**Vad har hänt?**
	[vad har hɛnt?]

I feel better now.	**Jag mår bättre nu.** [ja mor 'bɛtrə nʉ:]
It's OK.	**Det är okej.** [de: ær ɔ'kej]
It's all right.	**Det är okej.** [de: ær ɔ'kej]

At the pharmacy

pharmacy (drugstore)	**apotek** [apʊˈtek]
24-hour pharmacy	**dygnet runt-öppet apotek** [ˈdynʲet rʉnt-ˈøpet apʊˈtek]
Where is the closest pharmacy?	**Var finns närmsta apotek?** [var fins ˈnɛrmsta apʊˈtek?]
Is it open now?	**Är det öppet nu?** [ɛr dɛ ˈøpet nʉː?]
At what time does it open?	**Vilken tid öppnar det?** [ˈvilʲkən tid ˈøpnar dɛ?]
At what time does it close?	**Vilken tid stänger det?** [ˈvilʲkən tid ˈstɛŋər dɛ?]
Is it far?	**Är det långt?** [ɛr dɛ ˈlʲoːŋt?]
Can I get there on foot?	**Kan jag ta mig dit till fots?** [kan ja ta mɛj dit tilʲ ˈfots?]
Can you show me on the map?	**Kan du visa mig på kartan?** [kan dʉː ˈviːsa mɛj pɔ ˈkaːtan?]
Please give me something for ...	**Snälla ge mig någonting mot ...** [ˈsnɛlʲa je mɛj ˈnoːgontiŋ mot ...]
a headache	**huvudvärk** [ˈhʉːvʉdˈvæːrk]
a cough	**hosta** [ˈhosta]
a cold	**förkylning** [førˈɕylʲniŋ]
the flu	**influensan** [inflʲʉˈensan]
a fever	**feber** [ˈfeber]
a stomach ache	**magont** [ˈmaːgont]
nausea	**illamående** [ilʲaˈmoendə]
diarrhea	**diarré** [diaˈreː]
constipation	**förstoppning** [føːˈʂtopniŋ]
pain in the back	**ryggont** [ˈrygont]

chest pain	**bröstsmärtor** ['brøst'smɛːtor]
side stitch	**mjälthugg** ['mjelʲthug]
abdominal pain	**magsmärtor** ['magsmɛːtor]

pill	**piller, tablett** ['pilʲer, tab'lʲet]
ointment, cream	**salva** ['salʲva]
syrup	**drickbar medicin** ['drikbar medi'siːn]
spray	**sprej** [sprɛj]
drops	**droppar** ['dropar]

You need to go to the hospital.	**Du måste åka till sjukhuset.** [dʉː 'moste 'oːka tilʲ 'ɧʉːkhʉset]
health insurance	**sjukförsäkring** ['ɧʉːkføː'sɛkriŋ]
prescription	**recept** [re'sɛpt]
insect repellant	**insektsmedel** ['insekts'medəlʲ]
Band Aid	**plåster** ['plʲostər]

The bare minimum

Excuse me, ...
Ursäkta mig, ...
[ʉːˈʂɛkta mɛj, ...]

Hello.
Hej
[hɛj]

Thank you.
Tack
[tak]

Good bye.
Hej då
[hɛj doː]

Yes.
Ja
[ja]

No.
Nej
[nɛj]

I don't know.
Jag vet inte.
[ja vet ˈintə]

Where? | Where to? | When?
Var? | Vart? | När?
[var? | vaːʈ? | nɛr?]

I need ...
Jag behöver ...
[ja beˈhøvər ...]

I want ...
Jag vill ...
[ja vilʲ ...]

Do you have ...?
Har du ...?
[har dʉː ...?]

Is there a ... here?
Finns det ... här?
[fins dɛ ... hæːr?]

May I ...?
Får jag ... ?
[for jaː ...?]

..., please (polite request)
..., tack
[..., tak]

I'm looking for ...
Jag letar efter ...
[ja ˈlʲetar ˈɛftər ...]

restroom
en toalett
[en tuaˈlʲet]

ATM
en uttagsautomat
[en ʉːˈtaːgs autoˈmat]

pharmacy (drugstore)
ett apotek
[et apʊˈtek]

hospital
ett sjukhus
[et ˈɧʉːkhʉs]

police station
en polisstation
[en poˈlis staˈɧʉːn]

subway
tunnelbanan
[ˈtʉnəlʲ ˈbaːnan]

taxi	**en taxi** [en 'taksi]
train station	**en tågstation** [en 'to:g sta'ɧu:n]

My name is ...	**Jag heter ...** [ja 'hetər ...]
What's your name?	**Vad heter du?** [vad 'hetər dʉ:?]
Could you please help me?	**Skulle du kunna hjälpa mig?** ['skʉlʲe dʉ: 'kuna 'jɛlʲpa mɛj?]
I've got a problem.	**Jag har ett problem.** [ja har et prɔ'blʲem]
I don't feel well.	**Jag mår inte bra.** [ja mor 'intə bra:]
Call an ambulance!	**Ring efter en ambulans!** ['riŋ 'ɛftər en ambʉ'lʲans!]
May I make a call?	**Får jag ringa ett samtal?** [for ja 'riŋa et 'sa:mtalʲ?]

I'm sorry.	**Jag är ledsen.** [ja ær 'lʲesən]
You're welcome.	**Ingen orsak.** ['iŋen 'u:ṣak]

I, me	**Jag, mig** [ja, mɛj]
you (inform.)	**du** [dʉ]
he	**han** [han]
she	**hon** [hon]
they (masc.)	**de:** [de:]
they (fem.)	**de:** [de:]
we	**vi** [vi:]
you (pl)	**ni** [ni]
you (sg, form.)	**du, Ni** [dʉ:, ni:]

ENTRANCE	**INGÅNG** ['iŋo:ŋ]
EXIT	**UTGÅNG** ['ʉtgo:ŋ]
OUT OF ORDER	**UR FUNKTION** [ʉ:r funk'ɧu:n]
CLOSED	**STÄNGT** ['stɛŋt]

OPEN	**ÖPPET** [ˈøpet]
FOR WOMEN	**FÖR KVINNOR** [før ˈkvinor]
FOR MEN	**FÖR MÄN** [før mɛn]

MINI DICTIONARY

This section contains 250 useful words required for everyday communication. You will find the names of months and days of the week here. The dictionary also contains topics such as colors, measurements, family, and more

T&P Books Publishing

DICTIONARY CONTENTS

1. Time. Calendar — 75
2. Numbers. Numerals — 76
3. Humans. Family — 77
4. Human body — 78
5. Clothing. Personal accessories — 79
6. House. Apartment — 80

T&P Books Publishing

1. Time. Calendar

time	tid (en)	['tid]
hour	timme (en)	['timə]
half an hour	halvtimme (en)	['halʲvˌtimə]
minute	minut (en)	[mi'nʉːt]
second	sekund (en)	[se'kund]
today (adv)	i dag	[i 'dag]
tomorrow (adv)	i morgon	[i 'mɔrgɔn]
yesterday (adv)	i går	[i 'goːr]
Monday	måndag (en)	['mɔnˌdag]
Tuesday	tisdag (en)	['tisˌdag]
Wednesday	onsdag (en)	['unsˌdag]
Thursday	torsdag (en)	['tʉːʂˌdag]
Friday	fredag (en)	['freˌdag]
Saturday	lördag (en)	['lʲøːdag]
Sunday	söndag (en)	['sœnˌdag]
day	dag (en)	['dag]
working day	arbetsdag (en)	['arbetsˌdag]
public holiday	helgdag (en)	['hɛljˌdag]
weekend	helg, veckohelg (en)	[hɛlj], ['vɛkɔˌhɛlj]
week	vecka (en)	['vɛka]
last week (adv)	förra veckan	['fœːra 'vɛkan]
next week (adv)	i nästa vecka	[i 'nɛsta 'vɛka]
in the morning	på morgonen	[pɔ 'mɔrgɔnen]
in the afternoon	på eftermiddagen	[pɔ 'ɛftəˌmidagən]
in the evening	på kvällen	[pɔ 'kvɛlʲen]
tonight (this evening)	i kväll	[i 'kvɛlʲ]
at night	om natten	[ɔm 'natən]
midnight	midnatt (en)	['midˌnat]
January	januari	['januˌari]
February	februari	[fɛbrʉ'ari]
March	mars	['maːʂ]
April	april	[a'prilʲ]
May	maj	['maj]
June	juni	['juːni]
July	juli	['juːli]
August	augusti	[au'gusti]

September	september	[sɛp'tɛmbər]
October	oktober	[ɔk'tʊbər]
November	november	[nɔ'vɛmbər]
December	december	[de'sɛmbər]

in spring	på våren	[pɔ 'vo:rən]
in summer	på sommaren	[pɔ 'sɔmarən]
in fall	på hösten	[pɔ 'høstən]
in winter	på vintern	[pɔ 'vintərn]

month	månad (en)	['mo:nad]
season (summer, etc.)	årstid (en)	['o:ʂˌtid]
year	år (ett)	['o:r]

2. Numbers. Numerals

0 zero	noll	['nɔlʲ]
1 one	ett	[ɛt]
2 two	två	['tvo:]
3 three	tre	['tre:]
4 four	fyra	['fyra]

5 five	fem	['fem]
6 six	sex	['sɛks]
7 seven	sju	['ɧʉ:]
8 eight	åtta	['ota]
9 nine	nio	['ni:ʊ]
10 ten	tio	['ti:ʊ]

11 eleven	elva	['ɛlʲva]
12 twelve	tolv	['tɔlʲv]
13 thirteen	tretton	['trɛtton]
14 fourteen	fjorton	['fjʊ:ʈon]
15 fifteen	femton	['fɛmton]

16 sixteen	sexton	['sɛkston]
17 seventeen	sjutton	['ɧʉ:tton]
18 eighteen	arton	['a:ʈon]
19 nineteen	nitton	['ni:tton]

20 twenty	tjugo	['ɕʉgʊ]
30 thirty	trettio	['trɛttiʊ]
40 forty	fyrtio	['fœ:ʈiʊ]
50 fifty	femtio	['fɛmtiʊ]

60 sixty	sextio	['sɛkstiʊ]
70 seventy	sjuttio	['ɧuttiʊ]
80 eighty	åttio	['ottiʊ]
90 ninety	nittio	['nittiʊ]
100 one hundred	hundra (ett)	['hundra]

200 two hundred	**tvåhundra**	['tvo:ˌhundra]
300 three hundred	**trehundra**	['treˌhundra]
400 four hundred	**fyrahundra**	['fyraˌhundra]
500 five hundred	**femhundra**	['femˌhundra]
600 six hundred	**sexhundra**	['sɛksˌhundra]
700 seven hundred	**sjuhundra**	['ʂʉːˌhundra]
800 eight hundred	**åttahundra**	['otaˌhundra]
900 nine hundred	**niohundra**	['niʊˌhundra]
1000 one thousand	**tusen (ett)**	['tʉːsən]
10000 ten thousand	**tiotusen**	['tiːʊˌtʉːsən]
one hundred thousand	**hundratusen**	['hundraˌtʉːsən]
million	**miljon (en)**	[mi'ljʊn]
billion	**miljard (en)**	[mi'ljaːd]

3. Humans. Family

man (adult male)	**man (en)**	['man]
young man	**yngling (en)**	['yŋliŋ]
woman	**kvinna (en)**	['kvina]
girl (young woman)	**tjej, flicka (en)**	[ɕej], ['flika]
old man	**gammal man (en)**	['gamalʲˌman]
old woman	**gumma (en)**	['guma]
mother	**mor (en)**	['mʊr]
father	**far (en)**	['far]
son	**son (en)**	['sɔn]
daughter	**dotter (en)**	['dɔtər]
brother	**bror (en)**	['brʊr]
sister	**syster (en)**	['sʏstər]
parents	**föräldrar** (pl)	[førˈɛlʲdrar]
child	**barn (ett)**	['baːɳ]
children	**barn** (pl)	['baːɳ]
stepmother	**styvmor (en)**	['styvˌmʊr]
stepfather	**styvfar (en)**	['styvˌfar]
grandmother	**mormor, farmor (en)**	['mʊrmʊr], ['farmʊr]
grandfather	**morfar, farfar (en)**	['mʊrfar], ['farfar]
grandson	**barnbarn (ett)**	['baːɳˌbaːɳ]
granddaughter	**barnbarn (ett)**	['baːɳˌbaːɳ]
grandchildren	**barnbarn** (pl)	['baːɳˌbaːɳ]
uncle	**farbror, morbror (en)**	['farˌbrʊr], ['mʊrˌbrʊr]
aunt	**faster, moster (en)**	['fastər], ['mʊstər]
nephew	**brorson, systerson (en)**	['brʊrˌsɔn], ['sʏstəˌsɔn]
niece	**brorsdotter, systerdotter (en)**	['brʊːsˌdɔtər], ['sʏstəˌdɔtər]

wife	**hustru (en)**	[ˈhʉstrʉ]
husband	**man (en)**	[ˈman]
married (masc.)	**gift**	[ˈjift]
married (fem.)	**gift**	[ˈjift]
widow	**änka (en)**	[ˈɛŋka]
widower	**änkling (en)**	[ˈɛŋkliŋ]
name (first name)	**namn (ett)**	[ˈnamn]
surname (last name)	**efternamn (ett)**	[ˈɛftəˌnamn]
relative	**släkting (en)**	[ˈslʲɛktiŋ]
friend (masc.)	**vän (en)**	[ˈvɛːn]
friendship	**vänskap (en)**	[ˈvɛnˌskap]
partner	**partner (en)**	[ˈpaːtɳər]
superior (n)	**överordnad (en)**	[ˈøːvərˌɔːdnat]
colleague	**kollega (en)**	[kɔˈlʲeːga]
neighbors	**grannar** (pl)	[ˈgranar]

4. Human body

body	**kropp (en)**	[ˈkrɔp]
heart	**hjärta (ett)**	[ˈjæːta]
blood	**blod (ett)**	[ˈblʲʊd]
brain	**hjärna (en)**	[ˈjæːɳa]
bone	**ben (ett)**	[ˈbeːn]
spine (backbone)	**ryggrad (en)**	[ˈrʏgˌrad]
rib	**revben (ett)**	[ˈrevˌbeːn]
lungs	**lungor** (pl)	[ˈlʉŋʊr]
skin	**hud (en)**	[ˈhʉːd]
head	**huvud (ett)**	[ˈhʉːvʉd]
face	**ansikte (ett)**	[ˈansiktə]
nose	**näsa (en)**	[ˈnɛːsa]
forehead	**panna (en)**	[ˈpana]
cheek	**kind (en)**	[ˈɕind]
mouth	**mun (en)**	[ˈmuːn]
tongue	**tunga (en)**	[ˈtuŋa]
tooth	**tand (en)**	[ˈtand]
lips	**läppar** (pl)	[ˈlʲɛpar]
chin	**haka (en)**	[ˈhaka]
ear	**öra (ett)**	[ˈøːra]
neck	**hals (en)**	[ˈhalʲs]
eye	**öga (ett)**	[ˈøːga]
pupil	**pupill (en)**	[pʉˈpilʲ]
eyebrow	**ögonbryn (ett)**	[ˈøːgɔnˌbryn]
eyelash	**ögonfrans (en)**	[ˈøːgɔnˌfrans]

hair	**hår** (pl)	['hoːr]
hairstyle	**frisyr (en)**	[fri'syr]
mustache	**mustasch (en)**	[mʉ'staːʃ]
beard	**skägg (ett)**	['ɧɛg]
to have (a beard, etc.)	**att ha**	[at 'ha]
bald (adj)	**skallig**	['skalig]
hand	**hand (en)**	['hand]
arm	**arm (en)**	['arm]
finger	**finger (ett)**	['fiŋər]
nail	**nagel (en)**	['nagəlʲ]
palm	**handflata (en)**	['hand̪ˌflʲata]
shoulder	**skuldra (en)**	['skʉlʲdra]
leg	**ben (ett)**	['beːn]
knee	**knä (ett)**	['knɛː]
heel	**häl (en)**	['hɛːlʲ]
back	**rygg (en)**	['rʏg]

5. Clothing. Personal accessories

clothes	**kläder** (pl)	['klʲɛːdər]
coat (overcoat)	**rock, kappa (en)**	['rɔk], ['kapa]
fur coat	**päls (en)**	['pɛlʲs]
jacket (e.g., leather ~)	**jacka (en)**	['jaka]
raincoat (trenchcoat, etc.)	**regnrock (en)**	['rɛgnˌrɔk]
shirt (button shirt)	**skjorta (en)**	['ɧuːʈa]
pants	**byxor** (pl)	['bykswr]
suit jacket	**kavaj (en)**	[ka'vaj]
suit	**kostym (en)**	[kɔs'tym]
dress (frock)	**klänning (en)**	['klʲɛniŋ]
skirt	**kjol (en)**	['ɕøːlʲ]
T-shirt	**T-shirt (en)**	['tiːʃɔːt]
bathrobe	**morgonrock (en)**	['mɔrgɔnˌrɔk]
pajamas	**pyjamas (en)**	[py'jamas]
workwear	**arbetskläder** (pl)	['arbetsˌklʲɛːdər]
underwear	**underkläder** (pl)	['undəˌklʲɛːdər]
socks	**sockor** (pl)	['sɔkʊr]
bra	**behå (en)**	[be'hoː]
pantyhose	**strumpbyxor** (pl)	['strumpˌbyksʊr]
stockings (thigh highs)	**strumpor** (pl)	['strumpʊr]
bathing suit	**baddräkt (en)**	['badˌdrɛkt]
hat	**hatt (en)**	['hat]
footwear	**skodon** (pl)	['skʊdʊn]
boots (e.g., cowboy ~)	**stövlar** (pl)	['støvlʲar]
heel	**klack (en)**	['klʲak]

shoestring	skosnöre (ett)	['skʊˌsnøːrə]
shoe polish	skokräm (en)	['skʊˌkrɛm]
gloves	handskar (pl)	['hanskar]
mittens	vantar (pl)	['vantar]
scarf (muffler)	halsduk (en)	['halʲsˌdɵːk]
glasses (eyeglasses)	glasögon (pl)	['glʲasˌøːgɔn]
umbrella	paraply (ett)	[paraˈplʲy]
tie (necktie)	slips (en)	['slips]
handkerchief	näsduk (en)	['nɛsˌdɵk]
comb	kam (en)	['kam]
hairbrush	hårborste (en)	['hoːrˌbɔːʂtə]
buckle	spänne (ett)	['spɛnə]
belt	bälte (ett)	['bɛlʲtə]
purse	damväska (en)	['damˌvɛska]

6. House. Apartment

apartment	lägenhet (en)	['lʲeːgənˌhet]
room	rum (ett)	['rʉːm]
bedroom	sovrum (ett)	['sɔvˌrum]
dining room	matsal (en)	['matsalʲ]
living room	vardagsrum (ett)	['vaˌdasˌrum]
study (home office)	arbetsrum (ett)	['arbetsˌrum]
entry room	entréhall (en)	[ɛntreˈhalʲ]
bathroom (room with a bath or shower)	badrum (ett)	['badˌruːm]
half bath	toalett (en)	[tʊaˈlʲet]
vacuum cleaner	dammsugare (en)	['damˌsɵgarə]
mop	mopp (en)	['mɔp]
dust cloth	trasa (en)	['trasa]
short broom	sopkvast (en)	['sʊpˌkvast]
dustpan	sopskyffel (en)	['sʊpˌɧyfəlʲ]
furniture	möbel (en)	['møːbəlʲ]
table	bord (ett)	['bʊːd]
chair	stol (en)	['stʊlʲ]
armchair	fåtölj, länstol (en)	[fɔːˈtœlj], ['lʲɛnˌstʊlʲ]
mirror	spegel (en)	['spegəlʲ]
carpet	matta (en)	['mata]
fireplace	kamin (en), eldstad (ett)	[kaˈmin], ['ɛlʲdˌstad]
drapes	gardiner (pl)	[gaːˈdinər]
table lamp	bordslampa (en)	['bʊːdsˌlʲampa]
chandelier	ljuskrona (en)	['jʉːsˌkrʊna]
kitchen	kök (ett)	['ɕøːk]

gas stove (range)	**gasspis (en)**	['gas̩spis]
electric stove	**elektrisk spis (en)**	[ɛ'lʲektrisk ˌspis]
microwave oven	**mikrovågsugn (en)**	['mikrʊvɔgsˌugn]
refrigerator	**kylskåp (ett)**	['ɕylʲˌskoːp]
freezer	**frys (en)**	['frys]
dishwasher	**diskmaskin (en)**	['diskˌma'ɧiːn]
faucet	**kran (en)**	['kran]
meat grinder	**köttkvarn (en)**	['ɕœtˌkvaːɳ]
juicer	**juicepress (en)**	['juːsˌprɛs]
toaster	**brödrost (en)**	['brøːdˌrɔst]
mixer	**mixer (en)**	['miksər]
coffee machine	**kaffebryggare (en)**	['kafəˌbrygarə]
kettle	**tekittel (en)**	['teˌɕitəlʲ]
teapot	**tekanna (en)**	['teˌkana]
TV set	**teve (en)**	['teve]
VCR (video recorder)	**video (en)**	['videʊ]
iron (e.g., steam ~)	**strykjärn (ett)**	['strykjæːɳ]
telephone	**telefon (en)**	[telʲe'fɔn]

www.ingramcontent.com/pod-product-compliance
Lightning Source LLC
Chambersburg PA
CBHW071506070426
42452CB00041B/2330

9781849240 96